적지 않으면　　　　　사라지는

조은정 지음　차이 그림

것들

어떤 기록은 애틋해서 가엽고 또 어떤 기록은 가여워서 애틋하다.

1부

그 남자의 집

택시기사님이 불쑥불쑥 옛 애인이 살던 집 앞을 지나간다. '낯설어짐'이라는 단어를 그 집의 문패로 붙여두게 되었다. 다른 사랑이 그 집의 벽지가 되고 있어도, 내게 이제 그 지붕은 비닐림과 같다.

차창 밖, 밤을 무대로 그리는 신파극에는 택시기사님이 흥얼거리는 철 지난 유행가가 잘 어울렸다. 검은 창 속에서 시선이 마주치자마자 그 남자의 집에 불이 꺼졌다. 네모난 눈동자 위에서 길을 잃은 집들이 파도처럼 밤과 하나가 되어갔다.

당신을 과거에 먼저 내려두고, 혼자서 무사히 집으로 돌아왔다. 당신과 나 사이의 결말은 택시값만큼이었던가.

'시간이 약'이라는 말은 휘파람을 부는 것처럼 누구나 터득하게 된다.

외롭다고 지껄이기 좋은 시간

당신과 만나는 꿈을 또 꾸었다. 지겨운지 해가 먼저 얼굴을 붉히며 나를 깨운다.
집 앞 가로등에서 낯익은 그림자를 발견하길 바라는 마음과 휴대폰을 귀 옆에 두고 선잠을 드는 일. 낱알 같은 추억들을 얼마나 긁어내야 새 땅에 내가 심어질 수 있을까.
나는 오늘따라 선명한 외로움을 들키고 만다.
상처 따위 없는 척하는 건 쉽다.
전시하기 좋은 방관.
검은 옷을 입지 않고는 낯빛을 가릴 수가 없다.
이 이별이 익숙해졌으면 싶다가도, 그 이별에 '익숙한 존재'가 되고 싶지 않다.
자신이 불쌍해지는 것을 싫어하지 않는 내가 거울 속에서 손짓한다.

미련의 도화선

'그 사람이 널 덜 사랑했던 게 아닐까?'라는 의문은 새로운 시발점이 되어 혁혁한 현재부터 가까운 과거까지를 다녀왔다. 영겁 같던 찰나였다.
고개를 가로 흔들다 세로로 흔들었다. 답은 생각보다 간단했다. 시작이란 말을 쓰기 전의 앞과 돌아보지 못하게 된 이별의 뒤가 없는 사랑 이야기에는 어떤 것도 마침표가 될 수 있다. 내 오랜 미련찬 괴로움은 나와 그대가 같을 것이라고 생각했던 것부터, 헤어짐부터가 아니라 그 착각부터 비롯되었다.

당신이 거쳐간 사계절

 짧은 머리로 겨울을 보내고, 아무리 아무리 그래도 당신이 미워지지 않아서 당신이 신기루처럼 느껴지던 아득한 봄과 당신이 반가워도 반갑지 않은 것처럼 굴던 여름을 보냈다. 그리고, 가을에는 딱 이 정도의 '보통 사이'를 연기해야 했다.

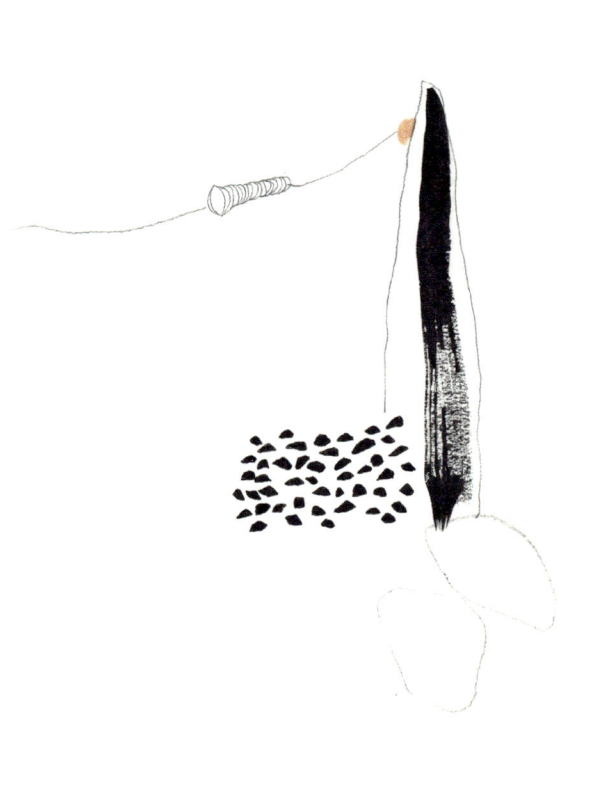

공중화장실을 무서워하는 나는 공중화장실에만 가면 지난 연인의 말들이 떠올라서 그가 내게서 잊혀진 시간들을 번복해버리고 만다. 그 횟수가 꽤나 잦은 것은 내가 마신 커피와 맥주잔의 수로 짐작해볼 수 있다. 헤어진 연인의 삶을 응원하지만, 용서하지는 않는다.
아무리 비우고 닦아내도, 팬티를 내릴 때마다 선명해지는 소리를 물리칠 수가 없다. 응원하는 당신이 조금은 더 불행하기를 응원해. 당신은 모르겠지만, 내 머릿속이 꽤나 당신으로 오염되어있음에 당신은 탄식하고 생명을 얻게 되겠지.

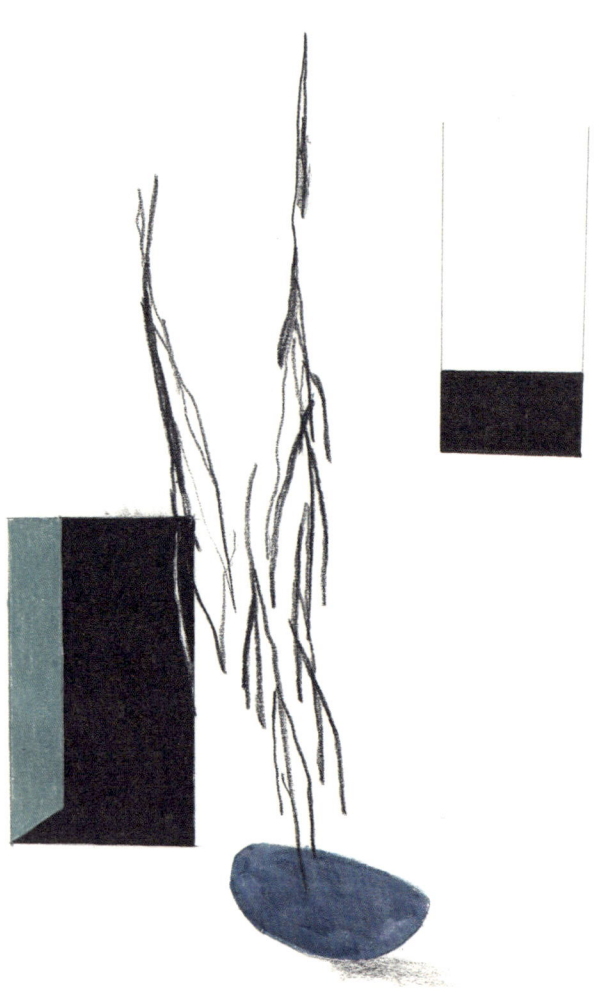

눈물이 쉽게 차오르던 11월은 사랑하고 싶은 밤이 잦았고, 당신의 단어로 가득 채운 채 가라앉고만 싶어지는 검은 계절이었다. '사랑'이라는 무형의 어떤 것. 누구의 정의도 가까이 가지 못해 더더욱 그리워지는 것.
우리는 모두 전생에 사랑을 잃고 태어났다.
이렇게 옛 애인들의 흔적을 들춰보는 것을 보니, 오늘도 이 백해무익한 그리움을 쏟을 곳을 찾아 방황해야 할 것 같다. 사랑받고 싶다고 발가벗은 애인 품에 안겨 울던 11월의 어느 날이 떠오른다. 그때의 나보다 더 낱낱이 발가벗겨진 지금의 나는 갈 곳이 없다. 누군가 주는 아주 작은 눈빛에도 쓰러져 배를 내보이고 싶은 유기된 마음만을 가지고.

헤어짐을 넘어올 때마다 고백했다
그대 나의 마지막 사랑이 아니었음을
내 다음 생의 첫사랑이 아님을

깨달음이 묵직해지는 저녁에는
꽉 문 이사이로 비어져 나오는 말들
이렇게나 산란하는 말들

그대 오늘도 내 마지막 이별임을 다짐한다

가끔 아주 가끔 참 좋아했던 선배에게 전화를 걸고 싶어진다. 내가 찾고 있는 그 때 내 표정과 모습을 선배는 그대로 기억하고 있을 것이다. 다시 되찾아오고 싶다.

"당신을 생각해서 더 솔직해져야 한다는 핑계로 오늘도 당신에게 상처 많이 준 것 같아서 돌아온 저녁에 괴로워하고 있어요. 당신이 참 좋은데, 이만큼 가까이 다가왔던 사람이 없어서 나는 내가 세워둔 경계가 없어지려고 해서 무서워요. 저는 사랑이라는 것이 가진 것들을 알지 못해요. 내가 뱉는 말의 무게를 당신이 비록 견뎌주길.

당신은 사랑이 참 필요한 사람이라고 느껴요. '사랑'이라는 단어를 쓰는 와중에도 펜을 두 번 내려놓고, 눈을 한 번 감았어요. 문장만큼 숨을 참기도 했어요.

당신의 피 속에 가득한 사랑. 피를 한 방울도 흘리지 않고, 당신을 나눠 받을 수 있을까 고민하고 있어요. 당신은 내가 모르는 세계에 다녀와서, 끝에 맺히고 마는 결말의 비밀을 알고 있는 사람이에요. 그 비밀을 말할 때마다, 낯설지만 따스한 눈빛으로 날 깔보는 것 같아서 좋아요. 나를 아무것도 모르는 바보천치로 만들어버리는 당신이 좋아요.

오늘도 좋은 곳 같이 가줘서 내가 이리저리 끌고 다녀도 다 같이해줘서 고마워요. 고마워서 이 저녁 또 괴롭다. 나 잘할게요. 나 못하면 막 혼내줘요. 난 당신의 눈에서 어떤 것도 읽을 수 없으니까.

날 딱하게 여기고 가르쳐줘요. 불쌍해해 줘요. 그리고 제발 버리지 말아줘요."

K. 나 연애에 대해 그렇게 아무렇지 않으려 하는 두려운 이유를 조금을 알게 되었어.

나는 내면보다 외면의 강대함을 더 좋아하고, 안이 기울어 수장될지라도 내 바깥은 너무나도 풍요롭기를 바라면서 살고 있어. 나는 다른 이들이 보기와는 다르게 나의 밖. 그 좁고 깊은 우물 위로 비치는 원의 하늘에서 삶의 의미를 찾으려고 해. 그래서 그 의미가 되어버릴 연애가 두려워. 그걸 잃게 되면 내가 어떻게 망가지는지 내 초라한 우물이 어떻게 허물어지는지, 나의 안과 밖에 쌓아둔 균형의 댐이 일순간 어떻게 무너져 버리는지 너무나도 잘 알고 있어서.

그래서 그래… 안국역에서 꽃과 함께 눈빛을 쥐여주던 사람도 사실 무서웠어. 그런 것들, 그 일말의 어떤 망상도 이제 나에게는 즐겁지가 않아.

지난 연인을 아름답게 기억하는 것은 축복일 만큼 어려운 일이다. 대부분의 즐거운 기억은 그 연인을 떠나 기억 자체로 온전하게 남겨지지만, 기억을 만든 이는 무명의 얼굴로 날카로운 기억들의 순서를 뒤집는다. 한 가지 확실한 것은 '함께' 만드는 것은 기억이 아니라는 것이다.
기억들의 뒷면에는 받침이 없는 낱말들만 드문드문 형태를 이루고 있다. 누구도 이 기억을 완성하지 못하고, 외로운 흉상을 따라 하고 있다. 한 여름날, 얼굴 위로 눈이 나리고 오늘도 악착같은 버릇으로 이가 빠진 기억들을 잊어야만 한다. 그렇게 상처는 남아서 악랄하고 과장된 이름을 남긴다.

오늘은 기억에 남지 않을 만큼의 여름더위였고,
기억에 남지 못할 만큼 무탈했다.
당신만이 또렷한 기억.
불공평하다.

2부

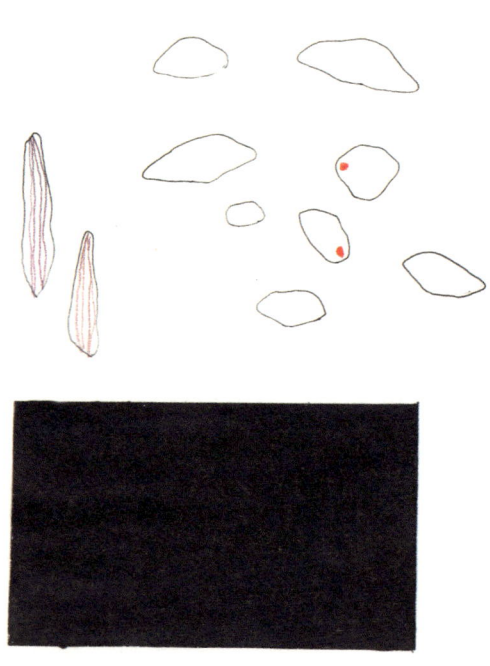

人間

이 세계에는 자신이 좋아하는 걸 선물하는 사람과
당신이 좋아하는 것을 선물하는 사람만이 있다.
둘은 거의 필사적으로 동일하고, 결백한다.
사람과 사람 사이에는 그런 아주 작은 차이가 있고
아무도 죄를 짓지 않았다.

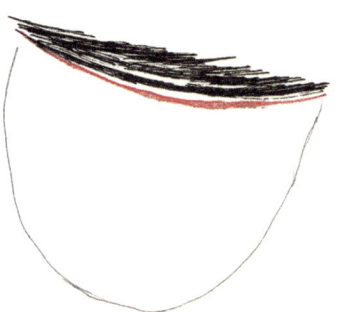

우린 각자의 불행에만 전념하게 될 거야.
그래 불행하기로 해
마음 편히
행복한 척 하면서.

통화목록3

소개받은 사람과는 저녁 식사 시간을 쪼개어 만나고 회사로 돌아왔다. 낯선 사람에게 묻는 말과 대답들은 익숙해서 쉬웠다. 엘리베이터에 비친 것은 낯선 어른 여자였다. 집에는 신문이 나보다 빨리 와있었다. 내가 어제 출근해서 오늘 퇴근한 탓이다. 오늘도 아버지를 잃은 친구에게 전화를 걸지 못했다. 내 하루가 너무 길고 빠듯해서 어떤 것도 안부를 물어오지 않는다. 돌아와 엎어진 이불 위에서는 아무것도 적을 것이 없었다. 이대로 빈 전화로 맞는 오래된 아침을 상상해본다.

전화기에 남은 낯선 안부의 대부분은 '요즘도 바쁘지?'였다. 마치 묻지 않아도 어딘가에서 살아내고 있을 사람이라도 된 것 같았다. 그저 그렇게 넘어가도 되는 궁금치 않은 사람이라도 된 걸까.

무인도를 떠나온 사람이 남겨진 무인도의 바닷가에 쌓아 올린 마지막 말은 오직 하나였다.

- 나는 섬이 아니야.

나라는 섬에 쇠갈매기만 뱃고동을 울리는 밤.

철거

내가 돌아갈 집에 누군가 불을 넣어주면 좋겠다
탁상 위 전구
부엌 으스름한 불빛
곧 돌아누워 차가워질 등에도
몸 곳곳 산불을 지르는 반점
활활 타오르는 불
타오르고 타 올라가는 불길
그보다도 못한 내가 돌아가는 귀갓길
며칠 밤을 새면서
몽롱해지는 허리춤보다 아찔해지는 것은
멀리 죽어가는 저 소녀
이 글자들로 적을 수 없는 환각
죽음을 처음 배운 날의 얼굴들
죽음이란 단어에 삶이 따라오는 지겨운 독백

소녀를 위해 오늘 밤 독한 곡주로 부르는 장송곡

가라 소녀여

잠이 오질 않는 밤에는
모두들 자신을 기르는 과거와
자신을 먹이는 현실을 본다

나선형처럼 돌고 돌아 돌아서 들어가는 마음속에는
그 미끄럼의 틈 사이로
이끼 같은 분노와 악함이 끼어든다.
이끼들의 8의 나선에서는 좌절로 31의 나선에서는 욕으로 공백을 잠식해간다.
간극이 좁은 만큼 씻어내기는 어렵다.

나 역시도 잘못된 줄 알면서도 그걸 버려내기가 쉽지 않다.
나라는 사람을 정의할 수 있는 구조는 없다.
나는 정의되지 않음에 괴로워하면서 정의되고 싶지 않아서 오늘도 이불을 들춘다.

내 머릿속은 안개의 고장.
한 발걸음에 두 발걸음 뒤는 보이질 않고
나 역시도 나를 보지 못한다.

복잡한 마음을 나누지 못해 단순해진 마음 벽에 파도가 몰아친다.
아주 맑고 매서운 파도.
모래사장에 남길 것이 아무것도 없다.
암흑! 암흑! 잊혀진 이름을 외치고 눈을 감아 암흑을 배웅하며, 오늘도 이이체를 끓어 읽었다.
여전히 접히지 않은 페이지의 어느 구절에서 목이 미지근했다.
같은 말들이 다른 높낮이로 울려대는 계절.

술래잡기

　　　　　　　　　　　　　　선물 받은 향수를 뿌려보았다. 옅게 존재를 드러내는 미모사의 향.
'이런 향 안 좋아했었는데…' 말과는 다르게 하루 종일 손목 근처에 시선을 두고 말을 걸고 있었다. 해를 넘기려고 보니 취향도 조금 바뀌어있는 것 같다. 그 어느 쯤에 내가 존재하는지 묻고 싶다.
오늘의 나와 내일의 나를 이어가는 힘은 뭘까. 좋아하는 향과 그림자의 위치, 버스의 빈 좌석, 소매 끝을 늘인 검정 니트, 똑같은 펜촉처럼 내가 아끼는 나의 작은 것들도 결국은 변하게 될까.
어제와 오늘 나를 만난 사람들이 내일의 나도 사랑해줄 수 있을까.
이 변화를 알아채야 하는 술래는 과연 누구인가.
그들이 내 변화를 알아채 줄까.

골목길

좋아했던 한 공간이 또 사라진다.
아 우리는 왜 사라져야만 하는가.
왜 그대와 난

잊혀져야 하는가
잊어야만 하는가
잊어버려야 하는가

난 왜 그대보다 그곳이 지워지는 걸 안타까워하는가

500원에 둘이 나눌 수 없게 된 코코아를 뽑으며
나눌 수 없는 것들에 대해 생각했다.
만화책 두 권을 빌리지 못할 때
과자 한 봉지를 먹을 수 없게 되었을 때
두 개의 나이를 먹은 나는
나를 나눌 수가 없다.

혼자 있고 싶지 않지만, 혼자이고 싶은
누군가 찾으며 울길 바라는 악몽 같은 밤.

사람에게 먼저 마음을 주고 마는 것은
울며 잠든 누군가를 안아주는 일과 비슷하다.
누군가의 악몽이 따스하게 느껴지는 밤.
빈 공기와 데워둔 마음을 가진 낮.

마음을 나누는 일은 버겁고
나는 점점 더 비겁해지고 말 것을 맹세했다.

다섯 번째 사랑니

오늘 밤 술자리에서
돌아 나오는 내 머리 위로
패배를 선언하는 종이 울려댄다

자격지심을 드러내는 잇몸
으르렁대어도 안으로 자라는 이빨

잘근잘근 관계의 마음을 갉아먹고
낭떠러지 방향으로 서 총구를 당기는 건 결국 나다

나를 이루지 못하는 것들이
나보다 더 앞서 걷기 시작하고
그림자는 앞으로 앞으로
노래를 부르며 앞장서간다

'엄마, 이렇게 마음이 좁아서 어떡하지?
살아갈수록 이렇게 비교되고,
결국은 내가 아닌 것들로
주눅 들고 말 텐데 어떡하면 좋을까요?'

내 모자람도 모르고 보름달이 밝게 차올라있던 밤
우주가 민낯을 내보이고

나는 아직도 엄마가 필요하다

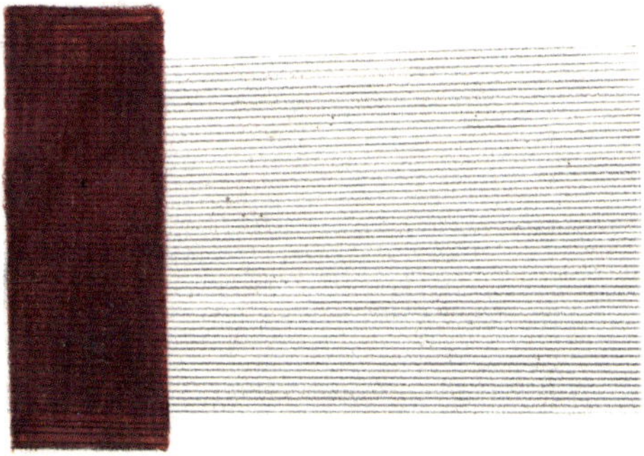

엄마의 긴 불면증과 두통의 이유는 근심과 걱정 때문일지도 모른다고 의사는 말했다. 온갖 붉은 색으로 칠해진 그래프보다 이대로 죽어버리면 끝날지도 모른다고 생각했다는 엄마의 무덤덤한 표정이 무서웠다. 나는 아무 말도 할 수 없어서 손가락 끝의 살점들만 떼어냈다.

'내 품은 가벼웠어. 그 누구보다도.'

그 날 밤, 잠든 엄마의 얼굴을 찍어두었다. 엄마를 안아주지 못한 내 모습을 용서할 수 가 없어서 눈물만 삼켰다.

내 품에서 떼어져 나갔던 사람들과 나 사이에는 도대체 뭐가 잘못된 것이었을까.
그렇게 끝내면 안 되는 거였을까? 역시 벌을 받은 걸까? 그 사람은 나에게 그래야만 했을까?
오직 '당신'을 생각할 수 있는 동물만이 잔인해지는 법을 배운다.

'칼자루를 밖으로 쥐고 사람을 껴안아야만 해.'

괜찮은 척 해봤지만 결국은 이렇게 탄로나고 만다. 입이 없는 가면에서 말들이 노래처럼 흘러나온다. 입에 달라붙은 기억들을 이겨내고 뱉게 되는 것은 점잖은 거짓말뿐이다. 사람을 안을 수 없게 된 몸에 남은 문신들이 욱씬거리기 시작했다. 잊지 말라는 듯이, 잊을 것을 안다는 듯이 상처들을 떠벌린다. 인간의 마음에 범한 실수에도 이만큼 고통스러워야 할텐데.

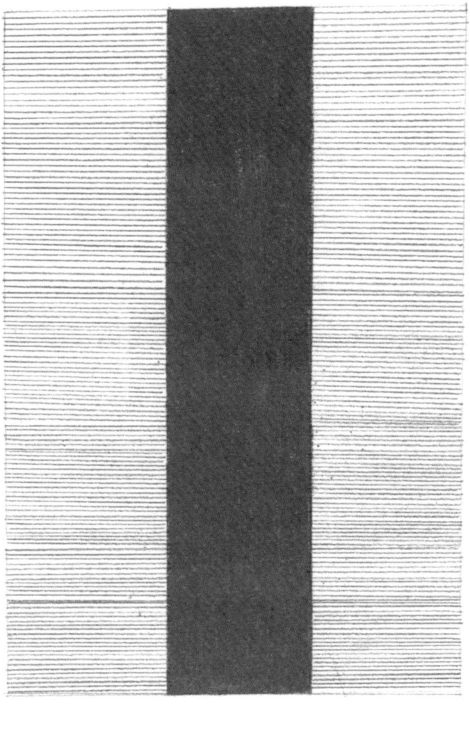

인연(因緣)

사람의 연이라는 게 내가 쥐고 놓지 않으면 영원한 거라고 생각했(던 때가 있다.)다. 모든 관계의 방향이 나를 향해 뻗어 있어서 내가 주인공이라는 그런 오만함. 이제는 그렇지 않다는 것을 잘 안다. 모든 관계에서 다가오는 시작과 이별은 인간으로는 막아낼 수가 없었다.

하지만, 지금 나와 이별 중인 사람을 생각하면서 윌슨[1]을 떠올렸다. 나와 닮은 것이라고는 어색하게 모아둔 눈, 코, 입뿐인 당신이 파도를 타고 멀어져 가는데 나는 헤엄칠 힘이 없다. 뗏목을 놓고, 오직 당신만을 안고 바다를 살아갈 자신이 없다. 내 뗏목은 이미 그동안의 싸움으로 찢겨져 나를 버틸 힘을 상실했다.

당신을 너무나도 잘 알아 기쁘던 내가 죽도록 미워지는 순간. 당신은 나와 이 바다를 헤어나가지 않기 위해, 바람의 방향을 바꾸고 말 것이라는 걸 알고 있다. 그렇게 나에게도 '예외'라는 기적을 만들어 두지 않았다.

내가 가진 화해의 총량 중 가장 최후의 것을 당신에게 남겨두었다면 달려져 있을까?

온갖 이별한 것들이 지구를 이루고 있으니 우리도 언젠가 시간을 거슬러 서로에게 정착할 것이다.

---

1) 톰 행크스 주연의 영화 〈캐스트 어웨이(Cast Away)〉

누군가의 언어를 사랑하지만, 그 사람의 표현을 싫어할 수도 있다
누군가를 좋아하지만, 그 사람을 미워할 수도 있다
미워하며 좋아하고, 좋아하며 미워하는 것
그래서 오늘 싫어하기로 정한 사람을 영원히 미워할 수 없고
내일이면 다시 품에 껴안아 들게 되는 것
이것을 직감하게 되는 것
오늘도 인간임을 좋아하고 싫어한다

근사한 오해

단골가게 사장님과 이야기를 나누다 새로운 사실을 알아버렸다. 나는 세 번째 방문에서 나를 알아보고 인사해주던 사장님이 고맙고 반가워서 더 열심히 가게를 드나들었고, 사장님은 사실 나의 세 번째 방문에 나를 다른 사람으로 착각했던 것이었다. 그렇게 시작이 달랐던 사장님과 나는 결국 오늘 이런 이야기를 할 수 있는 사이가 되어있지만 말이다. 정작 누구와 나를 착각했었는지는 사장님도 기억하지 못하고 있었다.

우리는 대부분의 사람을 오해하면서 살아가고 있는 것이 아닐까 싶어진다. 첫인상만으로 혹은 몇 마디 나누지 못한 말들로. 오해들은 번복하고 해명되며, 우리는 끊임없이 오해하고 이해해야 할 것이다.

나는 오늘도 처음 만난 당신을, 오래 알아온 당신을 내 멋대로 오해하고 있다.
내가 만든 오해들을 나는 사랑하고 있다.
이렇게 근사한 오해들을 나는 오늘도 기다리는 것 같다.
나의 어떤 면을 타인이 느긋하게 오해해주길.

　　　　　　　　　　　내 일기장에서 이름을 많이도 남겼
지만, 지금은 함께하지 못하는 몇몇 사람들을 애도하는 밤.
사실 우리는 이런 이별과 익숙하다. 가장 좋아하는 색의 크레파스는 항상 사라져있었다.
'슬픈 일이지만, 일상에서 참 흔한 일이지.'라며 전화기 끝에 서 있던 사람의 크레파스는 무슨 색이었을지 짐작해본다.

3부

'하나의 독립체'로 온전하지도
'관계의 첩'이 되지도 못하는 삶을 어찌할까.

눈물의 높이

삶의 대부분의 아찔함은 말이 되지 못한다.
엄마에게도, 친구에게도 그 어떤 동요도 일으킬 수 없는 작은 경험.
그런 것들이 눈물을 만드는 일에 쓰이는 것들임을 우린 어렴풋이 알고 있다.

마음의 온도계가 기능을 잃고, 조그마한 온기에도 코끝이 시큰거린다. 그에 비해 눈 밑의 댐이 높아져서 퇴근길 2호선 한복판에서 울게 되는 일은 없다. 마음에 장벽과 장막을 치는 일로 순환을 포기한 어떤 삶의 단상.

누구든 시간 있는 사람, 날 동정하고 가세요.

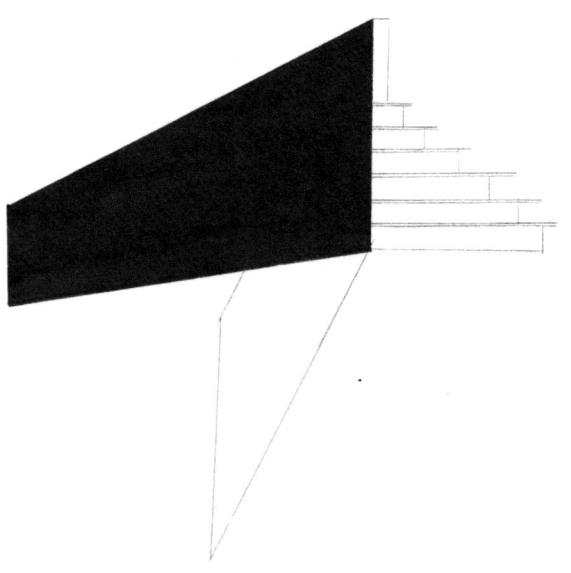

다정한 이인칭[2]

나에게 향하는 말들 중 가장 많은 말이 내 이름이라는 걸 알게 되었다.
이 얼마나 다정한 고독인지 등허리가 저려온다.
이 저림을 얇게 나누어 먹을 수만 있다면
괴로운 날들에 고이 얹어 먹을 수만 있다면

2) 이이체 시집 〈인간이 버린 사랑〉

죄의 성

우울해졌다. 어떤 이에게 미움받는 것이 싫으면서도, 결국 또 참지 못하고 다른 이를 미워하고 있는 나. 미움과 분노는 값이 싸다. 나는 그것들을 아낄 줄을 몰랐다. '계속'이라는 서두를 안고 시작하는 미움.

당신을 곁에 두고 죄의 무게를 재어 비교해본다. 고장 난 저울 위에서는 당신도 나처럼 날 미워하고 있다. 노력 없이 당신을 버리고 싶어 하는 나의 아무짝에도 쓸모없는 이해.

R의 따스함을 내세우고, 다정함을 핑계로 치약을 누르듯 마음을 털어놓았다. 내 솔직한 죄가 넘쳤다. 솔직이 병이고, 결국 죄를 지어야 마음이 손을 따듯 편해진다. 검붉은 죄책감.

내 구덩이를 파두고 폭발시켜 버리고 마는 은신처. 아무것도 건져낼 수 있는 생명이 없다.

누군가를 만나고 온 뒤, 외로운 이가 외치는 메아리를 견딜 수가 없다.
마음껏 우울하고 싶다.
그리고 울고 싶지 않다.

혼자 두지 말라고
혼자 있게 하지 말라고
고함을 쳐대는 독백

갈수록 무덤덤해지는 나를 절여내고 싶다.
(2012년 12월의 일기장에는 첫눈에 무감해지면 죽고 싶었던 소녀가 존재했다.)
푹푹 신 김치처럼, 잼처럼, 무엇이든 어딘가에서 어떤 것에 오염되고 싶다.

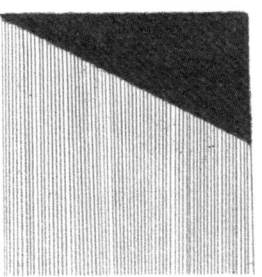

적지 않으면 사라지는 것들

어느 영화 속 주인공의 말처럼 인생의 대부분은 불행으로 이루어져있다. 그래서 오늘처럼 귀한 이 행복감을 마음 어딘가에 걸어두고 앞으로의 삶을 견뎌내야 한다.

한 방향으로만 자라는 어른은 없다.
내가 자라나지 못한 방향을 누군가는 꺾어 돌아왔음을
내가 서 있는 곳이 다가 아님을 인정해야 한다.

마음의 굴곡을 메우던 사람에 대한
기억. 세상 모든 것들에게 당신 이름이 붙던 날들이 있었다.

당신이 가진 이름을 모두 지워버려야만 잠에 들 수 있던 때. 그땐 하늘도
제멋대로 이름을 떨치지 못했고, 바다도 주춤거려야만 했다.

비가 오는 날, 떠오르는 사람은 두 사람뿐. 계절이 가고 이제 곧 다른 계
절이 올 테지. 계절보다 더디게 움직이는 마음의 정처.

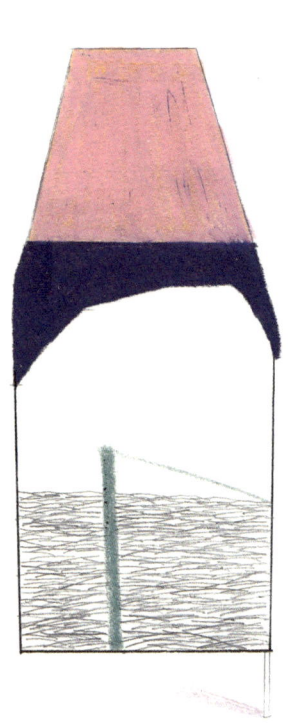

묘비의 이름

사람을 버리고 돌아온 저녁에는 묘비명을 적어두었다.
「인간, 대화, 약속」
그만두고 싶은 3가지,
그리고 곧 다시 좋아하게 될 3가지

P에게 답장을 보냈다.
끝내는 말은 '인간인 척 애쓰는 은정이가'라고 적었다.

M에게 건네는 책의 가장 안쪽 깃에는 단숨에 적어갔다.
'어떤 종말이 어떤 시작을 가져오기도 하니 세상이 불공평하지만은 않은 것 같습니다.'

'내가 당신의 폐허에 서 있다면, 내가 서 있는 만큼의 폐허를 맞들어줄게요.'
떠나는 Y에게 미처 하지 못한 말을 적어둔다.

적어두는 말

흔히 그렇듯 나도 결국 나를 넘겨짚은 채로 오해하고 만다. 여기 적힌 생각들과 기억들은 이걸 받아 든 순간부터 변해있을 것이다. 벌써 많이 고백했지만, 나는 정직했던 적이 없다. 매번 다른 내가 끓는 이불 속에서 태어났다. 오해를 이해로 만드는 당신의 날들에게 –

2018년 5월 조은정

적지 않으면 사라지는 것들

초판 인쇄
2018년 7월 20일

지은이
조은정
@goodjeong

펴낸이
조은정

그림
차이
@tattooist_chai

디자인
썸띵스 어바웃
@somethings_about

편집
썸띵스 어바웃

도움
조성화 고영조 황성진

- 모든 문의는 Suddenly_j@naver.com 으로 부탁드립니다.

- 이 책 내용의 전부 또는 일부를 재사용하려면 반드시 저작권자의 동의를 받아야 합니다.

인쇄제작
은성 애드프린팅

ISBN
979-11-964300-0-9 03800